Histoires illustrées pour Noël

Histoires illustrées pour Noël

SOMMAIRE

La nuit d'avant Noël
ou
Une visite du père Noël

C'était la nuit de Noël,
un peu avant minuit,
à l'heure où tout est calme,
même les souris.
On avait pendu nos bas
devant la cheminée,
pour que le père Noël
les trouve dès son arrivée.

Blottis bien au chaud
dans leurs petits lits,
les enfants sages
s'étaient déjà endormis,
rêvant de bonbons
et de dragées.

Maman dans sa chemise de nuit,
et moi avec mon bonnet,
venions tout juste de nous coucher
et de souffler la bougie.

Quand au-dehors, un
    bruit de clochettes,
me fit sortir d'un coup
    de sous ma couette.
Filant comme une flèche
    vers la fenêtre,
je scrutai tout là-haut
    le ciel étoilé.

Au-dessus de la neige,
la lune étincelante
illuminait la nuit comme
si c'était le jour.
Je n'en crus pas mes yeux
quand apparurent au loin,
un traîneau et huit rennes
pas plus gros que le poing.
Dirigés par un petit
personnage enjoué :
c'était le père Noël
je le savais.

Ses coursiers volaient comme
s'ils avaient des ailes.
Et lui chantait, afin de
les encourager :

« Allez Tornade ! Allez Danseur !
Allez, Furie et Fringant !
En avant Comète et Cupidon !
Allez Éclair et Tonnerre !

Tout droit vers ce porche,
tout droit vers ce mur !
Au galop au galop mes amis !
Au triple galop ! »

Pareils aux feuilles mortes
emportées par le vent,
qui montent vers le ciel
pour franchir les obstacles,
les coursiers s'envolèrent,
jusqu'au-dessus de ma tête,
avec le traîneau, les jouets
et même le père Noël.
Peu après j'entendis résonner
sur le toit
le piétinement fougueux
de leurs petits sabots.

Une fois la fenêtre refermée,
je me retournai,
juste quand le père Noël
sortait de la cheminée.

Son habit de fourrure,
ses bottes et son bonnet
étaient un peu salis par
la cendre et la suie.
Jeté sur son épaule, un sac
plein de jouets
lui donnait l'air d'un bien
curieux marchand.
Il avait des joues roses,
des fossettes charmantes,
un nez comme une cerise
et des yeux pétillants,

une petite bouche qui
souriait tout le temps,
et une très grande barbe d'un
blanc vraiment immaculé.
De sa pipe allumée coincée
entre ses dents,
montaient en tourbillons
des volutes de fumée.
Il avait le visage épanoui,
et son ventre tout rond
sautait quand il riait,
comme un petit ballon.

Il était si dodu, si joufflu,
cet espiègle lutin,
que je me mis malgré moi
à rire derrière ma main.
Mais d'un clin d'œil et
d'un signe de la tête,
il me fit comprendre que
je ne risquais rien.

Puis sans dire un mot,
car il était pressé,
se hâta de remplir les bas,
jusqu'au dernier,
et me salua d'un doigt posé
sur l'aile du nez,
avant de disparaître
dans la cheminée.

Je l'entendis ensuite siffler
son bel équipage.
Ensemble ils s'envolèrent
comme une plume au vent.
Avant de disparaître
le père Noël cria :

« JOYEUX NOËL À TOUS ET
À TOUS UNE BONNE NUIT. »

Un chant de Noël

Marley était mort, bel et bien mort. Cela ne faisait absolument aucun doute. Du cabinet *Scrooge et Marley*, il ne restait qu'Ebenezer Scrooge.

Scrooge… un vieillard cupide, avare et repoussant ! Il était dur comme la pierre, et avait le cœur si froid que son visage semblait gelé.

Scrooge ne se préoccupait de personne et personne ne se préoccupait de lui. Pas même la gaîté de Noël ne pouvait dégeler son cœur glacé.

Une veille de Noël, il était occupé à faire ses comptes. Il avait laissé la porte de son bureau ouverte et surveillait son employé, Bob Cratchit.

« Joyeux Noël, mon oncle ! » s'écria soudain une voix joyeuse. C'était Fred, le neveu de Scrooge.

« Bah ! balivernes ! » aboya Scrooge.

« Si c'était en mon pouvoir, ajouta-t-il, chaque idiot qui souhaite 'Joyeux Noël' serait cuit avec son propre gâteau !

– Vraiment, mon oncle ! fit Fred. Pourquoi ne viendrais-tu pas déjeuner avec nous demain ?

– Au revoir ! » rétorqua Scrooge, retournant à ses livres.

Après le départ de Fred, deux hommes vinrent demander l'aumône pour les pauvres.

« N'y a-t-il pas de prisons ? s'emporta Scrooge. Pas d'hospices ? Je paie pour y envoyer les pauvres ; c'est bien suffisant. »

Les hommes ressortirent dans le froid glacial en remuant la tête. Peu après, un chanteur débraillé s'arrêta devant le bureau de Scrooge et se mit à chanter.

« *Dieu vous bénisse, joyeux messieurs…* »

Un seul regard à Scrooge suffit à le faire fuir sans achever sa phrase.

L'heure de la fermeture du cabinet arriva.

« Je suppose que vous voulez votre journée de demain ? grogna Scrooge à Bob.

– Si cela vous convient, répondit Bob.

– Non, cela ne me convient pas. Soyez donc là après-demain à la première heure. »

Scrooge quitta son bureau en maugréant. Bob s'empressa de fermer et de rentrer chez lui. Comme d'habitude, Scrooge alla dîner seul dans une auberge isolée.

Puis lui aussi rentra chez lui – quelques pièces sinistres dans une vieille demeure qui avait appartenu à Marley.

Le heurtoir de sa porte n'était pas insolite, seulement grand. Scrooge n'était pas homme à verser dans la fantaisie. Mais, tandis qu'il glissait sa clé dans la serrure, il lui sembla voir, sur le heurtoir… le visage de Marley.

Troublé, Scrooge tourna la clé et entra. Il se retourna pour vérifier la porte tandis qu'il la refermait. Était-ce l'arrière de la tête de Marley qui en sortait ? Non, il ne vit que le verrou et quelques vis.

« Bah ! balivernes ! » s'exclama-t-il en claquant la porte. Cependant, avant d'aller se coucher, il inspecta toutes les pièces, juste au cas où…

Soudain, une clochette se mit à tinter, d'abord doucement puis de plus en plus fort. Bientôt, toutes les clochettes de la maison se joignirent au tintamarre. Puis elles se turent, et s'ensuivit un bruit de cliquetis, comme si quelqu'un traînait de lourdes chaînes dans la cave.

Alors, lentement, quelque chose passa à travers la porte…

Scrooge ne pouvait y croire.

« Pourquoi ne crois-tu pas tes yeux ? demanda le fantôme.

– Parce qu'un estomac détraqué peut troubler les sens, expliqua Scrooge. Le lait était sans doute tourné et il me donne des cauchemars. »

Le fantôme émit un cri effroyable et secoua ses chaînes.

« Pitié ! Pourquoi me tourmentes-tu ainsi ? » supplia Scrooge. Puis il ajouta, tandis que le fantôme secouait de nouveau ses chaînes : « Et pourquoi es-tu enchaîné ?

– Ces chaînes sont un châtiment pour avoir vécu en égoïste, dit le fantôme. Il y en a qui t'attendent aussi, et elles s'alourdissent un peu plus chaque jour. »

« Je suis venu ce soir pour t'avertir, reprit le fantôme, et t'éviter de connaître le même destin que moi. »

Scrooge eut l'air soulagé.

« Tu seras tourmenté par trois esprits, poursuivit le fantôme.

– J'espère que non », dit Scrooge.

Le fantôme l'ignora et se dirigea vers la fenêtre.

Le premier esprit apparaîtra quand l'horloge sonnera une heure.

Scrooge ferma la fenêtre et vérifia la porte. Elle était toujours verrouillée. « Bah !... » commença-t-il, mais il n'alla pas plus loin.

Épuisé – en partie à cause du choc, en partie parce qu'il était deux heures du matin – Scrooge s'effondra dans son lit.

Il s'endormit immédiatement.

Soudain Scrooge s'éveilla. Il faisait nuit noire. À sa grande surprise, l'horloge égrena douze coups. Douze ! Mais il était deux heures passées quand il était allé se coucher. « Cette horloge est détraquée, pensa-t-il. Ses rouages ont dû geler. »

Il demeura allongé, à compter les minutes. Au coup d'une heure, une main tira le rideau qui entourait son lit…

Scrooge sursauta. Il était face à face avec la plus étrange créature qu'il eût jamais vue. De la lumière émanait de sa tête et il portait un chapeau pointu semblable à un éteignoir.

« Êtes-vous l'esprit dont on m'a parlé ? s'enquit-il.

– C'est bien moi ! répondit le fantôme d'une voix douce. Je suis le fantôme d'un Noël passé... ton passé. Lève-toi et suis-moi. »

Accroché à l'esprit, Scrooge flotta à travers la fenêtre et se retrouva… non pas dans la ville embrumée, mais à la campagne, par une journée froide mais ensoleillée.

« C'est là que j'ai passé mon enfance ! » dit-il. Le fantôme l'entraîna dans une ancienne salle de classe où était assis un garçon solitaire. « Me voici », ajouta-t-il tristement.

L'instant d'après, ils étaient de retour dans l'agitation de la ville et entraient dans un entrepôt, où une fête battait son plein.

« C'est là que j'ai été apprenti ! s'exclama Scrooge. Où est mon maître, le vieux Fezziwig ? Il m'a rendu si heureux… »

La fête s'évanouit ; Scrooge et le fantôme se retrouvèrent dehors. Scrooge jeune homme était là, assis à côté d'une belle jeune femme.

« Je ne peux pas vous épouser, dit-elle tristement. Vous aimez l'argent plus que vous ne m'aimez moi. »

La scène changea et Scrooge se retrouva dans une pièce confortable pleine d'enfants. Son ancienne bien-aimée était mariée à un autre homme.

Scrooge se mit à lutter contre le fantôme. Ce faisant, il remarqua que la lumière qui émanait de sa tête brillait encore davantage. Il attrapa son chapeau et l'en couvrit en appuyant bien fort.

L'esprit s'effondra et disparut, et Scrooge sombra dans un profond sommeil.

Quand Scrooge se réveilla, il était de nouveau dans son lit et l'horloge sonnait une heure. Il se redressa, nerveux, mais rien ne se produisit. Il tira les rideaux ; il n'y avait personne.

Il regarda autour de lui. Cette fois, il voulait défier l'esprit dès qu'il apparaîtrait. Pourtant, il ne se passait rien, à part la lumière qui filtrait sous la porte.

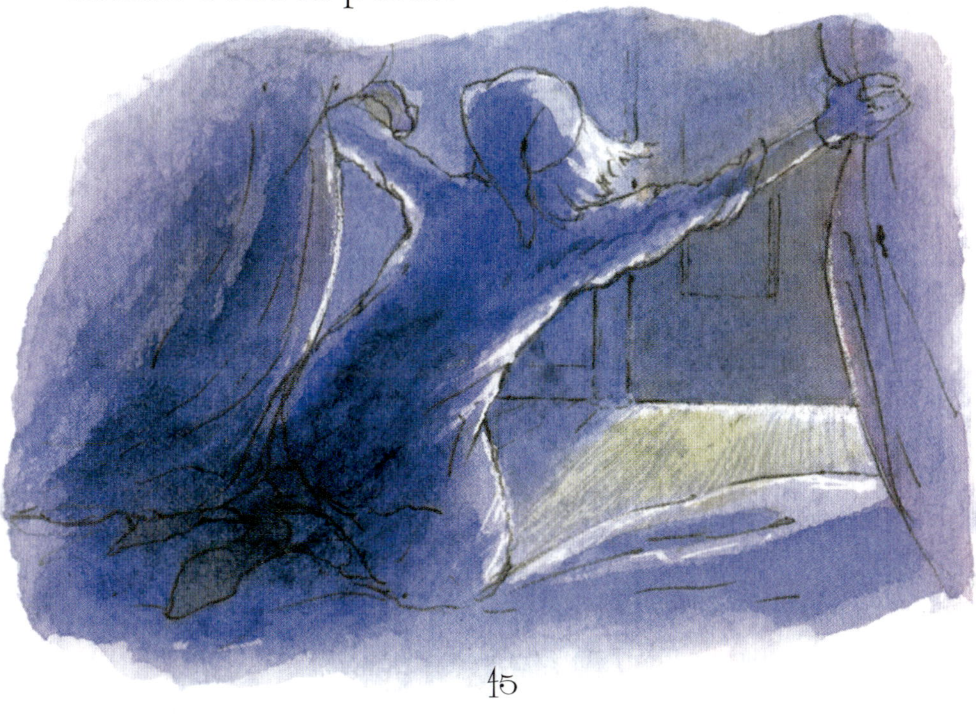

Scrooge finit par se lever et passa dans la pièce voisine. Il eut du mal à la reconnaître. En son centre, se tenait le deuxième esprit.

Scrooge suivit le fantôme à travers les rues animées, où les gens s'affairaient aux préparatifs de Noël. Ils arrivèrent enfin à la maison de Bob Cratchit. Madame Cratchit cuisinait le repas du réveillon.

« Voici papa ! » s'écrièrent les deux plus jeunes, alors que Bob entrait, portant son fils invalide.

Bientôt, tous se réjouirent autour de la table de fête. Le repas était maigre pour une si grande famille, mais personne n'aurait imaginé s'en plaindre.

« Esprit, demanda soudain Scrooge, dites-moi, est-ce que Petit Tim va survivre ?

– Je vois un siège vide, répondit le fantôme. Si les choses demeurent ainsi, il mourra. »

Scrooge se sentit très mal à l'aise. C'est alors qu'il entendit son nom.

« À monsieur Scrooge, lançait Bob, grâce à qui nous faisons ce repas de fête.

– Grâce à lui, vraiment ! grogna sa femme. Je voudrais qu'il soit là. Je lui dirais un mot ou deux, pour qu'il s'en réjouisse. »

Bientôt, ce fut la nuit. Le fantôme sortit avec Scrooge dans les rues animées. Ils survolèrent des lieux plus tranquilles, moins peuplés… mais, partout, Scrooge vit des gens remplis de la joie de Noël.

Du fond de l'obscurité, un rire chaleureux parvint aux oreilles de Scrooge. C'était Fred, son neveu. Ils se trouvaient dans sa famille, au milieu du réveillon de Noël.

« Scrooge me fait pitié, dit Fred. Et maintenant, si nous jouions à colin-maillard ? »

Les jeux se succédèrent. Scrooge était si enthousiaste qu'il décida d'y participer, bien que personne ne pût le voir ni l'entendre.

Il voulait rester jusqu'au départ du dernier convive, mais le fantôme s'y opposa. « Juste un dernier jeu, alors, supplia Scrooge. C'est un nouveau appelé 'Oui ou Non'. »

Est-ce un animal ?

Oui !

Est-ce qu'il vit à la campagne ?

Non !

Est-ce qu'il grogne ?

Oui !

Honte à lui !

Oui !

J'ai trouvé ! C'est ton oncle Scroooooooge !

Oui !

« C'est lui ! s'écria Fred. Et je lui souhaite un joyeux Noël, peu importe ce qu'il est. »

Avant que Scrooge pût le lui souhaiter à son tour, le fantôme l'avait entraîné au loin.

Ils parcoururent le monde, découvrant partout joie et espérances. Mais le fantôme vieillissait. « Ma vie est courte, expliqua-t-il. Elle s'achève à minuit. »

Tandis qu'il prononçait ces mots, l'horloge sonnait déjà minuit moins le quart.

« Pardonnez ma curiosité, mais que cachez-vous sous votre manteau ? s'enquit Scrooge.

– Regarde », répondit le fantôme, découvrant deux misérables enfants.

« Le garçon s'appelle Ignorance et la fille, Vouloir. Méfie-toi des deux, surtout du garçon !

– Ils n'ont nulle part où aller ? demanda encore Scrooge.

– N'y a-t-il pas de prisons ? Pas d'hospices ? » répliqua le fantôme, faisant écho aux propres mots prononcés par Scrooge l'après-midi même.

L'horloge sonna douze coups, et le fantôme disparut. Alors que le dernier coup s'éteignait, Scrooge vit une forme s'approcher.

L'apparition encapuchonnée flotta lentement et silencieusement jusqu'à lui.

« Êtes-vous le fantôme d'un Noël à venir ? » interrogea Scrooge.

Le fantôme ne répondit pas mais pointa sa main osseuse.

« Fantôme du futur, s'écria Scrooge, je vous crains plus que n'importe quel autre, mais je vous accompagnerai. »

Toujours silencieux, le fantôme s'éloigna. Tandis qu'il le suivait, il sembla à Scrooge que la ville s'éveillait autour d'eux.

Ils se dirigèrent vers une partie de la ville où Scrooge n'était jamais allé. Ils entrèrent dans un bazar. Trois personnes arrivaient avec des objets à vendre.

Scrooge était horrifié. Les objets avaient été volés dans la maison d'un mort.

« Esprit, je comprends ! s'écria Scrooge. Ce pauvre homme pourrait être moi. »

Puis la scène changea. Ils étaient à présent dans une chambre. Un homme mort était allongé sur le lit, seul, sauf un chat et des rats.

Le fantôme désigna le visage de l'homme, mais Scrooge n'eut pas le courage de regarder.

« N'y a-t-il personne qui soit touché par la mort de cet homme ? » implora-t-il.

Le fantôme ouvrit son manteau noir l'espace d'un instant. Quand il le referma, Scrooge se retrouva dans une pièce et vit un homme et une femme qui discutaient.

« Nous lui devons tellement d'argent, dit la femme. Il faudrait un miracle pour adoucir son cœur.

– Plus besoin de l'adoucir, répliqua son mari gaiement. Il est mort ! »

« Mais ils sont heureux ! » s'offusqua Scrooge. Puis il ajouta : « Esprit, s'il vous plaît, je voudrais voir le chagrin qu'engendre la mort. »

Le fantôme l'emmena jusqu'à la maison des Cratchit. Madame Cratchit et ses enfants étaient réunis près de la cheminée, submergés par la tristesse.

Tandis qu'il regardait, Scrooge eut le sentiment que le fantôme s'apprêtait à le quitter.

« Avant que vous partiez, dites-moi, qui était l'homme sur le lit ? » le supplia-t-il.

Le fantôme ne répondit pas mais conduisit Scrooge au cimetière.

« C'est là qu'il repose ? » observa Scrooge. En silence, le fantôme pointa une tombe du doigt.

« Répondez au moins à une question, insista-t-il. Ai-je vu ce qui va arriver ou ce qui pourrait arriver ? »

Le fantôme demeura silencieux.

Tout tremblant, Scrooge s'approcha de la tombe et lut le nom qui y était gravé.

Avec un cri terrible, il agrippa le manteau du fantôme. « Non, esprit. Oh non ! »

Mais le fantôme se contenta de le pointer du doigt, puis de désigner la tombe.

« Je ne suis plus le même, cria Scrooge, je peux changer ! »

S'accrochant au fantôme, Scrooge ferma les yeux et se mit à prier. Quand il les ouvrit, il vit qu'il se cramponnait à la colonne de son lit.

Il était revenu chez lui.

Il se mit à rire. « Ah ! je suis aussi léger qu'une plume, aussi heureux qu'un ange, aussi joyeux qu'un écolier. Merci, Marley ! Merci. À partir de maintenant, je garderai la joie de Noël dans mon cœur toute l'année.

Je ne sais pas combien de temps j'ai passé avec les fantômes, babilla-t-il. Je ne sais pas quel jour nous sommes. Et en plus, je m'en fiche ! »

À ce moment, les cloches de l'église se mirent à sonner. Scrooge se précipita à la fenêtre.

Quel jour sommes-nous, mon garçon ?

Aujourd'hui ? Mais c'est Noël !

Les fantômes avaient accompli leur tâche en une seule nuit.

Scrooge gloussa et envoya le garçon chez le boucher lui acheter sa plus belle dinde. « Je vais la faire livrer chez Bob Cratchit », se dit-il en se frottant les mains de joie. « Elle sera deux fois plus grosse que Petit Tim ! »

Quand le garçon fut de retour avec la dinde, Scrooge fut stupéfait. La volaille était énorme.

« Pourrais-tu la livrer de ma part ? demanda-t-il, riant de plus belle. Tu vas avoir besoin d'un taxi. »

Il paya le garçon, trouva un taxi, puis rentra chez lui, toujours hilare. Il riait tant que des larmes coulèrent le long de ses joues.

Enfin, vêtu de son plus beau costume, il sortit. Il avait l'air si joyeux que des passants lui adressèrent des « Joyeux Noël, monsieur ! ». Scrooge se dit que c'étaient là les mots les plus merveilleux qu'il eût jamais entendus.

Non loin, il rencontra les messieurs qui, la veille, lui avaient demandé l'aumône pour les pauvres.

« Joyeux Noël ! » dit-il. Les deux hommes furent stupéfaits. Était-ce bien Scrooge ?

Se sentant mieux, Scrooge alla à l'église, puis fit une promenade. Il n'avait jamais ressenti un tel bonheur.

L'après-midi, il se rendit jusqu'à la porte de son neveu au moins une dizaine de fois avant d'oser frapper.

Fred lui réserva un accueil si chaleureux que Scrooge fut bien vite à l'aise.

Ce fut un merveilleux réveillon. Scrooge alla cependant travailler le lendemain à la première heure. Il voulait surprendre Bob Cratchit qui arriverait en retard. Effectivement, Bob arriva avec près de vingt minutes de retard.

Scrooge fit semblant d'être furieux.

« Je ne vais pas tolérer cela plus longtemps ! Dans mon bureau, immédiatement.

– Ce n'est qu'une fois par an, supplia Bob.

– Je vais vous dire ce que je vais faire », poursuivit Scrooge, en lui tapotant l'épaule. « Je vais augmenter votre salaire. Joyeux Noël, Bob ! Rajoutez donc aussi du charbon dans le poêle avant de prendre votre plume ! »

Scrooge fit la promesse de prendre soin de Bob et de sa famille, et il tint parole. Pour le Petit Tim – qui survécut –, il devint un second père. Et il ne s'arrêta pas là ; il se lia d'amitié avec tous les habitants de la ville.

Certains riaient de ce changement. Scrooge les laissait rire. Cela lui était égal. Il savait que rire était bon pour eux et, de tout son cœur, il riait avec eux.

Il ne revit jamais les fantômes. Désormais, on disait de lui qu'il savait comment fêter un merveilleux Noël. Puisse cela être le cas pour chacun d'entre nous. Tout finit donc bien et, comme le dit Petit Tim : « Dieu nous bénisse, chacun d'entre nous ! »

Le lutin et la machine à jouets

Si tu as l'occasion de voyager jusqu'au toit du monde, tu y trouveras le pôle Nord, glacial et enneigé. Selon certains, c'est l'endroit le plus magique de la Terre.

Car c'est là, bien caché, que se trouve la fabrique de jouets du père Noël. En décembre, chaque année, l'activité y est trépidante.

Cette année-là, elle était particulièrement frénétique. Le père Noël faisait une inspection, s'assurant que tout se déroulait selon le programme.

Comme d'habitude, son équipe de minuscules lutins s'activait sans relâche. Chacun avait une tâche différente.

Denis ouvrait les lettres envoyées par les petits garçons et les petites filles.

Babette vérifiait s'ils avaient été gentils ou méchants.

Marc lisait ce que les enfants sages désiraient pour Noël.

Et Blandine écrivait les listes de tous les jouets qui devaient être fabriqués.

Pralin et Pépin faisaient fonctionner la machine à jouets. Pralin lisait le nom d'un jouet.

Pépin entrait le nom dans l'ordinateur.

Un robot pour Jean.

La machine
fabriquait le jouet…

l’empaquetait…

et collait une
étiquette dessus.

Alfie balayait le sol de l'entrepôt. Il avait le travail le plus ennuyeux de toute l'usine. Il s'ennuyait tant que, souvent, il s'endormait…

« Debout, Alfie ! tonna le père Noël. Il est l'heure de rentrer chez toi.

– Déjà ? bâilla Alfie.

– Tu ne fais que dormir », lui reprocha le père Noël.

Il ajouta : « Rentre chez toi et ne reviens que si tu es tout à fait éveillé. »

Alfie traversa l'usine déserte d'un pas lourd. « Si j'étais responsable de la machine à fabriquer les jouets, je ne m'ennuierais jamais », soupira-t-il.

Souvent, Alfie avait rêvé d'approcher la mystérieuse machine. Et maintenant...

Grimpant tout en haut, il regarda dans le long tube qui conduisait au cœur de la machine.

Ouaaah !

Mais il perdit d'équilibre…

et tomba à l'intérieur !

Aaah !

Des heures plus tard, Alfie, dont la tête tournait, se réveilla entouré de câbles et de rouages. « J'ai dû m'assommer en tombant », pensa-t-il.

Soudain, il sentit les parois se mettre à vibrer. Pralin et Pépin venaient de démarrer la fabrication des jouets. « Oh non ! s'écria Alfie. Je vais être broyé en milliers de pièces. »

Paniqué, Alfie se précipita dans tous les sens pour essayer de sortir. Mais plus il se tortillait et plus il s'empêtrait dans les câbles.

« À l'aide ! » hurla-t-il, au désespoir.

L'agitation d'Alfie eut un effet bizarre sur la machine. Les premiers jouets qui sortirent étaient parfaits...

Mais le lot suivant était étrange…

de plus en plus étrange…

vraiment très étrange…

jusqu'à ce que…

La machine à jouets se mit à cracher des centaines de poupées à l'effigie d'Alfie. Le père Noël tenta de l'arrêter, mais en vain.

Pour finir, avec un énorme rot, la machine rejeta le véritable lutin. Alfie ressortit avec une bosse.

Le père Noël le toisa. « Il va falloir des semaines pour réparer la machine et il y a encore des centaines de jouets à fabriquer.

– Désolé… dit Alfie.

– À la place, je vais devoir distribuer ces étranges figurines d'Alfie », dit le père Noël.

Mais devine quoi ? Les poupées eurent un énorme succès auprès des enfants ! L'année suivante, le père Noël reçut des milliers de commandes.

Les lutins programmèrent donc la machine pour qu'elle fabriquât des poupées Alfie, et le père Noël lui confia la charge des opérations – à condition qu'il restât à l'extérieur, cette fois.

Flocon et Glaçon

Tôt par un matin glacial, les enfants de Glacette s'activaient déjà. Le lendemain, la veille de Noël, était le jour du concours du plus beau bonhomme de neige.

Dans toutes les rues, des bonshommes de neige de toutes tailles et formes prenaient vie. Chacun rêvait de voir sa création remporter le premier prix.

Margot Humble mettait la touche finale à son bonhomme de neige, appelé Flocon. Il était affublé d'un chapeau en feutre usé…

de petits cailloux
en guise de bouche
et d'yeux…

d'une écharpe
mangée par
les mites…

et d'une vieille
canne brisée.

Lili Huppée vivait dans une belle demeure juste à côté. Elle était si riche qu'elle avait des serviteurs pour faire son bonhomme de neige, nommé Glaçon.

Il portait un haut-de-forme brillant, des boutons étincelants en guise de bouche et d'yeux…

une écharpe de soie à pois…

et une canne à la poignée argentée.

Lili regarda par-dessus la clôture.

« Glaçon est deux fois plus beau que ton pauvre Flocon minable ! s’esclaffa-t-elle.

– Mais c’est moi qui l’ai fait, dit Margot.

– Cela n’a pas d’importance, rétorqua Lili. Attends de voir demain qui sera le plus beau bonhomme de neige. »

Cette nuit-là, les bonshommes de neige de Glacette s'animèrent. Glaçon désigna Flocon de sa canne. « Quelle triste vision, railla-t-il. Tu ne remporteras jamais le concours. »

Flocon regarda ses vêtements élimés de ses yeux de pierre.

« Je peux sans doute améliorer mon aspect », dit-il, plein d'espoir. Il partit à travers champs.

Glaçon était certain qu'il serait le plus beau bonhomme de neige de la ville. Mais il décida de suivre Flocon, juste pour s'en assurer.

Flocon découvrit de la laine de mouton accrochée dans les barbelés d'une clôture. « Je pourrais l'utiliser pour raccommoder mon écharpe », se dit-il.

Glaçon se glissa derrière lui.

« On verra à quoi ressemblera ton écharpe une fois enchevêtrée dans les barbelés », ricana-t-il.

Il était sur le point de pousser Flocon dans la clôture quand il entendit un « Bêêê ! » sonore.

Un troupeau de moutons qui passaient à toute allure le renversa.

Flocon ne remarqua rien. Il décrocha un peu de laine des barbelés et continua sa route.

Flocon pénétra dans les bois et leva les yeux vers les arbres. « Cette branche noueuse pourrait faire une superbe canne », observa-t-il.

Glaçon grimpa dans l'arbre qui se trouvait derrière Flocon. « Je vais t'avoir, cette fois, face de caillou », se dit-il.

Glaçon scia consciencieusement une grosse branche. « Elle va certainement aplatir le chapeau de Flocon », gloussa-t-il à voix basse.

Mais le sot avait coupé la branche sur laquelle il était assis. Il tomba de l'arbre et atterrit dans un buisson de houx épineux.

Flocon ne s'aperçut de rien. Calant sa branche sous le bras, il reprit sa quête.

« Les cailloux autour de cet étang
feront de beaux boutons », pensa Flocon.
Glaçon s'approcha sur la pointe des pieds.

Il s'apprêtait à pousser
Flocon dans l'eau, mais celui-ci
se baissa pour ramasser un caillou.

Glaçon passa par-dessus Flocon, glissa silencieusement à travers l'étang gelé et disparut – splash ! – dans les roseaux. Flocon mit ses nouveaux boutons et retourna d'un pas pesant vers la maison de Margot.

Il admira sa nouvelle canne et ses beaux boutons, puis il reprisa son écharpe.

Pendant ce temps, Glaçon rentrait chez lui, titubant, couvert de feuilles mortes et de roseaux, et tout cabossé.

Enfin, arriva l'heure du jugement. Glaçon fut classé dernier, et Neige gagna le premier prix ! Margot était aux anges. Toutefois, elle ne découvrit jamais comment son bonhomme de neige malin avait trouvé sa nouvelle tenue.

Blanche-Neige et les sept nains

Par un matin d'hiver, la reine cousait à la fenêtre. Tandis qu'elle regardait les flocons tomber au-dehors, rêvant du bébé qu'elle désirait par-dessus tout, elle se piqua le doigt.

Trois gouttes de sang couleur rubis tombèrent sur la neige. La reine soupira : « Je voudrais un enfant avec le teint aussi blanc que la neige, les lèvres aussi rouges que le sang et les cheveux aussi noirs que le bois d'ébène. »

Son rêve se réalisa.

Le roi était ravi de l'arrivée de sa fille, qu'il appela Blanche-Neige. Cependant, à sa joie se mêlait le désespoir car, en donnant la vie, la jeune reine était morte.

« Mon enfant a besoin d'une mère », pensa-t-il. Dans l'année, il se remaria donc.

Sa nouvelle épouse était fière et vaniteuse. Son cœur débordait d'amour pour elle-même, et il n'y avait de place pour personne d'autre.

La seule chose qu'elle voulait, c'était être la plus belle femme du monde.

Matin et soir, elle se regardait dans son miroir et posait la même question.

Miroir, mon beau miroir,
qui est la plus belle
d'entre toutes ?

Et, matin et soir,
le miroir répondait :
« Vous, Votre
Majesté. »

La nouvelle reine ne se préoccupait pas de Blanche-Neige, qui devenait chaque jour plus belle.

Puis, un terrible matin, la reine demanda : « Miroir, mon beau miroir, qui est la plus belle d'entre toutes ? »

Et le miroir répondit…

Le beau visage de la reine s'empourpra de colère. Elle fixa le miroir d'un air menaçant. « Je ne le permettrai pas ! » gronda-t-elle.

Rien n'y fit. Chaque fois qu'elle posait la question, le miroir donnait la même réponse. La jalousie tenaillait le cœur de la reine, mais elle ne savait pas que faire.

Finalement, elle fut incapable d'en supporter davantage. « Blanche-Neige doit mourir ! » décida-t-elle.

Plus tard, ce matin-là, la reine convoqua le chasseur de la cour. « Écoute bien, dit-elle. J'ai une mission de la plus haute importance à te confier. »

Elle lui ordonna alors : « Emmène Blanche-Neige dans la forêt et tue-la. Je ne pourrai supporter sa présence une seconde de plus auprès de moi. »

Rapporte-moi ses poumons et son foie, afin que je sois sûre qu'elle est bien morte.

Le chasseur était horrifié, mais il n'avait d'autre choix que d'obéir.

En chemin, Blanche-Neige bavardait joyeusement. Le chasseur ne disait mot. Sous un chêne géant, il sortit son couteau et la fit descendre de son cheval.

« Arrêtez ! Mais que faites-vous ? s'écria-t-elle, alarmée.

– Ce sont les ordres de la reine, avoua le chasseur tristement. Elle veut que je… vous tue.

– Quoi ? s'écria Blanche-Neige. Non ! Je vous en prie, laissez-moi partir », supplia-t-elle, ses yeux sombres remplis de larmes. Le chasseur eut pitié d'elle.

C'est alors qu'il aperçut un sanglier un peu plus loin. « Je rapporterai ses poumons et son foie à la reine, pensa-t-il, et Blanche-Neige sera sauve. »

Se tournant vers la jeune fille, il dit : « Vite, filez, et ne revenez jamais au château. »

Blanche-Neige courut, passant à travers des branchages tortueux et des ronciers inextricables. Feuilles et brindilles s'emmêlaient dans ses cheveux.

Elle courut jusqu'au coucher du soleil. Des branches épineuses, tels des doigts de sorcière, se tendaient pour l'agripper. Elle courut encore et en encore, jusqu'à ce que ses jambes ne pussent plus la porter.

C'est alors qu'elle aperçut une chaumière. « Quelqu'un pourra peut-être m'aider », pensa-t-elle.

À son grand désarroi, il n'y avait personne. Elle s'appuya contre la porte pour reprendre son souffle, et celle-ci s'ouvrit d'un seul coup. Blanche-Neige trébucha à l'intérieur.

Elle découvrit une petite table entourée de sept chaises minuscules. Une odeur de pain frais et de miel lui fit monter l'eau à la bouche.

Après une telle course, elle était affamée. Elle s'assit donc à la table et se servit de pain et de miel. Puis elle but le lait des sept tasses jusqu'à la dernière goutte.

Elle bâilla. Sa longue course l'avait épuisée. Elle regarda autour d'elle et vit, alignés contre un mur, sept petits lits. Sur chacun était posé un gros oreiller de plumes.

Blanche-Neige essaya les lits l'un après l'autre. Le premier était trop dur. Le second était trop étroit… Au septième lit, la fatigue eut raison d'elle, et elle se pelotonna simplement dessus.

Tandis que Blanche-Neige dormait, la porte de la chaumière s'ouvrit et sept nains entrèrent l'un derrière l'autre. Ils allumèrent chacun une bougie et regardèrent autour d'eux, étonnés.

Qui est entré dans
notre chaumière ?

Qui s'est assis
sur ma chaise ?

Qui a bu
mon lait ?

Qui a dévoré
mon pain ?

Qui a mangé
mon miel ?

Qui a essayé
mon lit ?

Qui est couché
dans mon lit ?

En silence, ils se rassemblèrent autour de Blanche-Neige et la regardèrent dormir.

Son teint est aussi
blanc que la neige.

Ses cheveux
sont aussi noirs
que l'ébène.

Ses lèvres sont aussi
rouges que le sang.

« Elle est si belle »,
soupirèrent-ils tous ensemble.

Le lendemain matin, Blanche-Neige fut réveillée par sept chansons fredonnées sur sept tons différents. Elle sauta du lit, paniquée – mais les nains se montrèrent si amicaux qu'elle en oublia bien vite sa peur.

Elle leur raconta ce qui lui était arrivé et ils en furent révoltés. « Restez chez nous, lui proposèrent-ils. Nous prendrons soin de vous. »

Au palais, dans sa chambre, la reine chantait aussi. Souriant à son reflet, elle posa la question habituelle.

Miroir, mon beau miroir, qui est
la plus belle d'entre toutes ?

« Eh bien, ma reine, vous êtes belle, il n'y a aucun doute, papota le miroir, mais Blanche-Neige est plus belle encore. » Et il ajouta : « Elle vit dans une chaumière, dans la forêt. »

« Blanche-Neige est vivante ? cracha la reine avec fureur. Ce chasseur m'a trompée ! »

Elle en était si contrariée qu'elle ne pouvait plus manger ni dormir. Elle en profita pour élaborer un plan afin de tuer Blanche-Neige.

Finalement, déguisée en vieille mendiante, un panier rempli de soieries et de rubans au bras, elle se rendit dans la forêt.

Blanche-Neige était occupée à faire le ménage dans la chaumière quand une vieille femme se présenta à la porte.

« De jolies fanfreluches à vendre, caqueta la vieille. Soieries et satins, ceintures et nœuds.

– Quelle soie magnifique ! s'écria Blanche-Neige, caressant une ceinture.

– Essayez-la donc, ma chère enfant », proposa la vieille femme.

Elle noua la ceinture autour de la taille de Blanche-Neige et serra… serra de toutes ses forces…

La mendiante continua de serrer jusqu'à ce que Blanche-Neige s'évanouît.

À leur retour, les nains découvrirent Blanche-Neige gisant sur le seuil de la porte. Épouvantés, ils remarquèrent la ceinture qui l'étouffait.

Sortant un couteau, l'un des nains la coupa. Blanche-Neige bredouilla et prit de profondes respirations saccadées.

« Où est la vieille mendiante ? haleta-t-elle.

– Quelle mendiante ? commença l'un des nains. Personne ne sait que nous vivons ici… » Soudain il s'écria : « Hé ! c'était certainement cette méchante reine. Elle vous aura piégée. »

Les nains semblèrent préoccupés.

« Vous courez un grand danger, dit l'un d'eux.

– La reine tentera à nouveau de vous tuer, ajouta un autre.

– N'ouvrez pas la porte ! s'exclamèrent-ils tous en chœur.

– Je vous le promets ! » dit Blanche-Neige.

Pendant ce temps, la méchante reine était rentrée en courant au palais pour interroger son miroir.

Miroir, mon beau miroir, qui est la plus belle d'entre toutes ?

Le lendemain, la reine retourna à la chaumière avec un peigne empoisonné, mais Blanche-Neige refusa de la laisser entrer.

« Vous pouvez tout de même jeter un coup d'œil », dit la reine, exhibant le peigne étincelant à la fenêtre.

Blanche-Neige le trouva ravissant. Oubliant la promesse faite aux nains, elle ouvrit la porte.

Aussi vive qu'une guêpe, la reine se glissa à l'intérieur et enfonça le peigne dans la chevelure de Blanche-Neige. Le poison fit immédiatement effet et elle s'affala sur le sol.

Dès que les nains virent Blanche-Neige, ils surent que la reine était revenue.

« Regardez ce qu'elle a fait cette fois ! » dit l'un d'eux, en ôtant le peigne.

Blanche-Neige gémit. « Oh ! ma tête…

– Vous devez être plus prudente, l'avertirent-ils. La reine essaiera encore. N'OUVREZ PAS la porte ! »

Au palais, le cœur de la reine était dévoré de jalousie. Elle ne supportait pas d'être la seconde. Furieuse, elle entreprit de concocter le pire de ses sortilèges.

Dans une pièce secrète, la reine fabriqua une pomme magique. Elle semblait si bonne que quiconque la voyait ne pourrait s'empêcher de la croquer. Mais elle en trempa une moitié dans du poison.

Puis elle se déguisa en fermière et partit pour la chaumière une fois de plus.

« Je n'achèterai rien, lui déclara Blanche-Neige, et je ne dois ouvrir la porte à personne.

– Je n'ai rien à vendre, répondit vivement la reine. Mais j'ai pensé que vous aimeriez partager une pomme. »

Elle lui montra la belle pomme rouge et luisante, puis mordit à belles dents d'un côté et se lécha les lèvres. « Miam ! elle est délicieusement juteuse. Tenez, goûtez-la.

– Elle semble vraiment bonne », admit Blanche-Neige, et elle mordit à son tour dans le fruit. Dans l'instant, elle s'effondra sur le sol.

La reine se mit à rire. « Blanche comme la neige, rouge comme le sang, noir comme l'ébène – et raide morte ! Enfin, c'est moi la plus belle femme du monde ! »

« Oh non ! encore une fois ! » s'écrièrent les nains lorsqu'ils rentrèrent à la chaumière et découvrirent Blanche-Neige inerte.

Cette fois, à leur grand désarroi, ils ne purent rien faire.

« Elle est si belle, sanglota le plus jeune des nains. Nous ne pouvons pas l'enterrer. »

Aussi l'allongèrent-ils dans un cercueil de verre, sur lequel ils inscrivirent *La princesse Blanche-Neige*.

Ils placèrent le cercueil sur une colline et, à tour de rôle, se relayèrent pour le veiller.

Blanche-Neige reposait dans son cercueil depuis plus d'un an lorsqu'un prince passa par là. Sautant de son cheval, il s'approcha.

Il vit son teint blanc comme la neige, ses lèvres rouges comme le sang et ses cheveux noirs comme l'ébène, et tomba amoureux.

« Elle est si belle ! dit-il au nain qui la gardait. C'est la plus belle jeune fille que j'aie jamais vue. »

« Je voudrais lui bâtir un superbe tombeau, expliqua le prince. Elle ne peut pas demeurer sur cette colline pour toujours. En outre, une princesse doit reposer dans un palais. »

Les nains discutèrent toute la journée avec le prince et, le soir, ils acceptèrent. Il revint accompagné de quatre serviteurs pour transporter le cercueil.

Mais, alors qu'ils le soulevaient, l'un des hommes trébucha. Le cercueil fut secoué et la pomme éjectée de la bouche de Blanche-Neige. À leur grande stupéfaction, elle ouvrit les yeux.

Le prince était fou de joie. Il ouvrit le cercueil, souleva la jeune fille dans ses bras et la porta sur son cheval.

Là-bas, dans la chambre du palais, la reine s'apprêtait à interroger son miroir.

« Blanche-Neige est la plus belle. Avez-vous une autre question ? » fit le miroir d'un ton impertinent, avant qu'elle ait pu ouvrir la bouche.

Avec un hurlement de fureur, la reine brisa le miroir en mille morceaux. Et les mille morceaux reprirent en chœur :

« Blanche-Neige est toujours la plus belle d'entre toutes. »

Les Vacances du père Noël

« Enfin », soupira le père Noël, regardant le calendrier. C'était aujourd'hui le 26 décembre – son jour de congé.

Après un Noël particulièrement fatigant, le père Noël attendait avec impatience son jour de repos.

Il s'installa confortablement dans son fauteuil le plus moelleux avec une tasse de chocolat chaud et une part de gâteau.

Alors qu'il se mettait à lire, deux lutins firent irruption.

« Nous avons besoin de vous, dit Pralin. Nous ne pouvons pas rentrer chez nous.

– Il y a un énorme ours polaire devant l'entrée », expliqua Pépin.

Le père Noël soupira et suivit les lutins jusqu'à leur maison.

Un ours polaire à l'air féroce faisait les cent pas à l'extérieur.

« Si j'avais de la viande, je pourrais l'éloigner, dit le père Noël.

– Il y a des saucisses dans notre cuisine, suggéra Pip. Si seulement on pouvait y aller. »

Le père Noël eut une idée. Il se glissa à l'arrière de la maison, puis grimpa jusqu'à la cheminée et se faufila dans le conduit.

Quelques instants plus tard, il émergea, portant une grosse boule de fourrure blanche.

« Un ourson ! s'écria Pépin. Il a dû entrer par une fenêtre ouverte.

– C'est pour cela que la mère ne voulait pas vous laisser entrer, expliqua le père Noël. Elle le protégeait. »

Les deux ours s'éloignèrent joyeusement dans la neige épaisse.

Le père Noël venait à peine de se rasseoir qu'un autre lutin arrivait, l'air inquiet.

« Du calme, Marco, dit le père Noël d'un ton apaisant. Que se passe-t-il ?

– Nous avons oublié quelqu'un sans faire exprès sur la liste de cette année, s'écria le lutin. Regardez !

– Va chercher un vélo dans l'entrepôt, ordonna le père Noël. Je prépare mon traîneau. »

Peu après, il arrivait devant la maison de Jason.

Alors qu'il transportait le vélo vers la porte de derrière, il entendit des voix.

« Tu auras peut-être ton vélo rouge l'année prochaine, mon fils », disait un homme.

Le père Noël regarda le vélo : il était bleu. Il poussa un profond soupir et retourna à son traîneau.

Un aller-retour au pôle Nord plus tard, le père Noël était revenu – avec le vélo rouge. Jason était fou de joie. Le père Noël repartit.

Il était presque arrivé quand il entendit un cri en dessous de lui.

« À l'aide ! Quelqu'un peut-il m'aider ? »

Le père Noël alla voir ce qui se passait.

Un fermier se tenait au bord d'un lac gelé.
« Mes moutons se sont égarés sur la glace, cria-t-il. Et elle commence à craquer. »

Le père Noël conduisit son attelage au-dessus des moutons et ordonna aux rennes de voler sur place.

Le père Noël se pencha avec précaution au bord de son traîneau. Il tendit les bras, attrapa le premier mouton et le souleva.

Un à un, il chargea les moutons dans son traîneau. La glace finit par céder, mais le dernier mouton était en sécurité.

Le père Noël rendit ses moutons au fermier reconnaissant.

Épuisé, il remonta dans son traîneau et poursuivit sa route vers le pôle Nord.

De retour chez lui, c'est en chancelant qu'il entra dans son salon.

« Mon chocolat est certainement froid, maintenant, soupira-t-il, et je parie que le gâteau est tout desséché. »

Mais quelle ne fut pas sa surprise !

Sur la table, à côté du fauteuil, il trouva une tasse de chocolat fumant, des gâteaux frais et une pile de livres de contes.

Ses chaussons l'attendaient, tout chauds, auprès d'un feu qui crépitait joyeusement.

Les lutins envahirent la pièce.

« Comme c'est gentil, sourit le père Noël.

– Tout le plaisir est pour nous, père Noël, dit Pralin. Vous nous avez montré que Noël est le temps de la gentillesse. »

Le Chat botté

Il était une fois un pauvre meunier qui avait trois fils. À sa mort, il leur laissa tout ce qu'il avait au monde : son moulin, son âne et son chat roux tigré.

L'aîné s'appropria immédiatement le moulin.

Le deuxième s'empara de l'âne. Gabriel, le cadet, dut se contenter du chat. Et cela ne lui disait rien qui vaille.

« Vous deux, vous pouvez travailler et gagner votre vie, maugréa-t-il. Que puis-je faire d'un chat ? Le manger, peut-être ! »

Plus tard, le Chat sauta sur les genoux de Gabriel et lui donna des coups de patte pour attirer son attention.

« Ne vous inquiétez pas, mon maître, dit-il en ronronnant. Trouvez-moi un sac et une paire de bottes en cuir et vous verrez. »

Tom était stupéfait. Le Chat pouvait parler ! Il avait hérité d'un chat *parlant*.

J'ai un chat incroyablement, véritablement, extraordinaire !

Tom se souvint alors qu'il avait souvent observé le Chat recourir à des pièges astucieux pour attraper rats et souris.

Tom fournit donc au Chat un grand sac et une paire de bottes luisantes. Il lui donna aussi une cape et un chapeau mou.

Le Chat remplit le sac avec des carottes et, en se pavanant, partit pour les champs.

Il se rendit dans une prairie qu'il savait habitée par de nombreux lapins. Ouvrant alors le sac, il s'étendit sur l'herbe et fit semblant d'être mort.

Comme il s'y attendait, un jeune lapin étourdi arriva en bondissant et sentit l'odeur des carottes. Alors qu'il fourrait son nez à l'intérieur du sac, le Chat botté bondit.

Je te tiens !

Ravi de sa prise, le Chat botté se rendit directement au palais et demanda à voir le roi.

Devant le trône, le Chat botté fit la révérence.
« Votre Altesse royale, je vous ai apporté un cadeau de la part de mon maître, le marquis de Carabas.

– Comme c'est gentil. Remercie bien ton maître », répondit le roi.

Le lendemain, le Chat botté retourna dans la campagne. Cette fois, il se cacha dans un champ d'épis dorés, le sac grand ouvert…

… et deux perdrix atterrirent en plein dedans. Le Chat botté gloussa de rire en serrant les cordons.

Une fois encore, le Chat botté alla offrir ses prises au roi.

Tiens, voici pour ton maître.

Le Chat botté devint un visiteur régulier du palais. Bientôt, le roi commença à se demander qui était le généreux marquis.

Un jour, le Chat botté emmena Gabriel se promener le long de la rivière.

Lors de sa dernière visite au palais, il avait surpris la conversation d'un garde. Il savait donc que le roi passerait par là avec la princesse Arabelle, sa ravissante fille, et il avait un plan.

Lorsque le Chat botté aperçut le carrosse royal au loin, il se tourna vers Tom. « Vite, ôtez vos vêtements et plongez dans la rivière », lui demanda-t-il.

Tom était déconcerté, mais il avait confiance en son compagnon. Il se jeta donc à l'eau.

La perplexité de Tom ne fit que s'accroître quand le chat cacha ses habits derrière une grosse pierre, puis qu'il se mit à crier :

« À l'aide ! Je vous en prie, sauvez mon maître, le marquis de Carabas ! »

Le carrosse royal s'approcha et le roi reconnut le Chat botté. « Gardes ! Sortez le marquis de l'eau immédiatement, ordonna-t-il.

– Des bandits ont attaqué mon maître et ont volé ses vêtements, expliqua le chat.

– C'est terrible, s'indigna le roi. Permettez-moi de vous aider. » Il claqua des doigts et un serviteur accourut.

Depuis le carrosse, la princesse Arabelle avait suivi toute la scène.

Lorsqu'elle vit Tom dans son bel habit, elle sauta de son siège. Il était si beau…

Marquis de Carabas,
puis-je vous présenter ma fille,
la princesse Arabelle.

Tom s'inclina et déposa un baiser sur la main d'Arabelle.

« Oh ! » s'exclama-t-elle, puis elle sourit.

Le roi insista pour que le Chat botté et le marquis se joignissent à leur promenade.

« Allez-y, maître, dit le Chat botté, poussant Tom en avant. J'ai quelques affaires à régler. »

Tandis que le carrosse s'ébranlait, le Chat botté partit en avant. Il avait encore fort à faire.

Il arriva bientôt en bordure d'un champ que des paysans fauchaient. Il tapa dans ses pattes.

« Écoutez-moi ! s'écria-t-il. Quand le roi passera, dites-lui que ce champ appartient au marquis de Carabas, ou mon maître vous réduira en chair à pâté ! »

Les hommes n'osèrent pas refuser.

Effectivement, quand le roi arriva, il demanda aux paysans à qui appartenait le champ.

Au marquis de Carabas,
Votre Altesse.

Les menaces du Chat botté les avaient tant effrayés qu'ils répondirent d'une seule voix.

Tom fut stupéfait de les entendre dire au roi que c'était sa terre, mais il décida de jouer le jeu.

Ce champ donne toujours de bonnes récoltes.

Le Chat botté reprit sa course en tête. Dans le champ suivant, des hommes moissonnaient.

« Dites au roi que ce champ appartient au marquis de Carabas, gronda-t-il, ou mon maître vous réduira en chair à pâté ! »

Horrifiés, ils acceptèrent.

Lorsque le carrosse royal arriva au champ, le roi sortit. Sa surface était le double de celle du précédent. « À qui appartient ce champ ? demanda-t-il aux paysans.

– Au marquis de Carabas, Votre Altesse », répondirent-ils.

Le Chat botté réitéra la même menace à tous les paysans qu'il rencontra. Le roi était vraiment étonné par l'étendue des terres du marquis.

Finalement, le Chat botté arriva devant un magnifique château.

Le propriétaire était un ogre féroce, mais cela ne l'arrêta pas.

Il se trouvait que l'ogre était l'un des plus riches du royaume. D'ailleurs, toutes les terres qu'ils avaient traversées lui appartenaient.

L'ogre accueillit le Chat botté en se léchant les babines, et l'invita à entrer.

Le Chat botté sourit. Il s'apprêtait à tenter son tour le plus risqué. « Il paraît, dit-il à l'ogre, que vous pouvez vous transformer en n'importe quelle créature. »

Croisant les pattes, il le regarda, sourcils froncés. « J'ai bien du mal à le croire. Pouvez-vous vraiment vous transformer en éléphant ou en lion ? »

C'était bien vrai. En un instant, l'ogre se métamorphosa en un énorme lion. Saisi de peur, le Chat botté sentit ses poils se hérisser.

Après avoir rugi et grondé un moment, l'ogre reprit son apparence.

« C'est la chose la plus terrifiante à laquelle j'ai jamais assisté ! » s'écria le Chat botté.

« On m'a aussi dit, poursuivit-il, que vous pouviez vous changer en un animal vraiment petit, comme un rat ou une souris.

– Rien de plus facile », se vanta l'ogre.

En un éclair, l'ogre se métamorphosa. Mais, dès que le chat vit la minuscule souris trottiner sur le sol, il lui sauta dessus et n'en fit qu'une bouchée.

Pendant ce temps, le carrosse royal était arrivé au château de l'ogre.

« Rends-toi à l'intérieur », ordonna le roi au cocher. Il était curieux d'apprendre qui était le châtelain d'une demeure aussi majestueuse.

Le Chat botté entendit l'attelage sur le pont-levis et il ouvrit grand les portes du château.

« Votre Majesté, bienvenue au château de mon maître, le marquis de Carabas.

– Vous voulez dire que ce superbe château et toutes les terres vous appartiennent ? » demanda le roi, émerveillé, à Tom.

Dissimulant sa surprise, Tom acquiesça.

« Me permettez-vous de visiter ? » s'enquit le roi, de plus en plus intrigué.

« Faites comme chez vous », répondit Tom.

Dans la salle des banquets, une fête avait été préparée pour l'ogre. La table croulait sous les tourtes, les viandes, les fromages et les gâteaux.

Le roi sentit l'eau lui venir à la bouche.
« Voilà qui a l'air appétissant ! déclara-t-il.
– Je vous en prie, joignez-vous à nous pour le déjeuner », proposa le Chat botté.

Le roi était très impressionné par le château du marquis, et la princesse Arabelle pensait que c'était vraiment gentil de sa part de les laisser partager leur repas.

Tandis qu'il mangeait, le roi remarqua que sa fille et le marquis semblaient vraiment bien s'entendre. Il réalisa alors que ce dernier ferait un prince parfait.

À la fin du repas, le roi ne put s'empêcher de dévoiler ses pensées.

« Marquis de Carabas, voulez-vous épouser ma fille ? » déclara-t-il.

Le mariage se déroula dès le lendemain.

Et, ainsi, le plus jeune fils du meunier devint un prince et vécut heureux dans son château avec sa belle épouse.

Les frères de Tom accédèrent au rang de comtes. Quant au Chat botté, il devint un seigneur et n'eut plus à chasser les souris…

… sauf pour le plaisir !

La Reine des neiges

Il était une fois un démon maléfique qui avait fabriqué un miroir magique. Son miroir pervertissait et enlaidissait tout ce qui s'y reflétait.

« C'est un beau miroir, grognèrent les étudiants du démon. Allons le montrer aux anges. » Déployant leurs ailes de peau, ils s'élevèrent…

de plus en plus haut…

jusqu'à ce que…

… le miroir leur glissât des mains, se fracassât au sol et se brisât en millions de morceaux.

Certains éclats n'étaient pas plus gros qu'un grain de sable, mais possédaient le pouvoir du miroir entier. Qu'un de ces grains pénètre dans l'œil de quelqu'un, et tout lui semblait horrible et mauvais.

Pire encore, si un éclat frappait une personne au cœur, celui-ci se mettait à geler.

Cette histoire commence peu après le bris du miroir, alors que de dangereux éclats de verre flottaient encore un peu partout.

Une petite fille, appelée Gerda, vivait à côté d'un petit garçon, nommé Kay. Il n'y avait pas d'amis plus proches au monde.

Un jour d'hiver, alors qu'il neigeait, la grand-mère de Gerda leur raconta l'histoire de la Reine des neiges.

« Elle vit dans les glaces du Nord, mais l'hiver, elle s'envole, déguisée en flocon de neige.

Méfiez-vous d'elle ! C'est une méchante femme. » Et elle ajouta : « Mais ne vous inquiétez pas, si vous avez le cœur pur, vous la verrez toujours telle qu'elle est. »

Ce soir-là, en rentrant chez lui, Kay regardait danser les flocons de neige étincelants. Il remarqua alors qu'un flocon semblait grossir.

Il devint de plus en plus grand…

... jusqu'à ce qu'il se transformât en une très belle femme. Elle était époustouflante. Ses vêtements, d'un blanc scintillant, étaient recouverts d'une couche de neige et elle-même était entièrement faite de glace.

La femme posa son regard froid et lumineux sur Kay. Il secoua la tête et elle s'évanouit. « Mon imagination doit me jouer des tours », pensa-t-il.

L'hiver passa et Kay oublia la Reine des neiges. Puis, un jour, tandis qu'il arrosait les rosiers des jardinières de la fenêtre avec Gerda, il se mit à crier.

Il avait soudain ressenti une piqûre dans l'œil ainsi qu'une autre, pénétrant son cœur. Ni lui ni Gerda n'avaient vu ce qui s'était passé…

… car les piqûres avaient été provoquées par des éclats du miroir brisé. Aussitôt, Kay se mit à changer et à devenir cruel.

À la vue du visage effrayé de Gerda, il se fâcha. Arrachant une poignée de roses, il en éparpilla les pétales et s'enfuit. Gerda écouta tristement le grincement de ses bottes dans l'escalier.

À la suite de cet événement, Kay se mit à voir les choses différemment. Il se mit à se disputer avec les gens et à se moquer d'eux. Il se moqua même de Gerda et de ses roses, bien que cette dernière l'aimât toujours.

L'hiver suivant, Kay ignora complètement Gerda et se joignit aux garçons qui faisaient de la luge sur la place du village.

Tandis qu'ils jouaient, un traîneau d'un blanc éblouissant arriva sur la place. Le cocher était entièrement habillé de blanc, depuis sa toque en fourrure jusqu'à ses bottes pointues.

Tous les garçons se sauvèrent, sauf Kay. « Ça va être amusant ! » s'écria-t-il, et il attacha sa luge au traîneau blanc comme neige. Les deux éclats du miroir le rendaient aveugle au danger – car le cocher n'était autre que la Reine des neiges.

Le traîneau accéléra et Kay, très excité, éclata de rire. Il avait l'impression de voler. Lancés à toute allure, ils franchirent les portes de la ville.

Ils filèrent comme le vent à travers la neige tourbillonnante. Cependant, bien trop tôt, le traîneau s'arrêta. Le cocher se leva et Kay comprit alors qui il était.

La reine embrassa alors Kay, et son cœur gelé se glaça davantage. Elle l'embrassa de nouveau, et il oublia d'où il venait. Il était pris au piège.

Dans son village, personne ne savait où Kay était parti. Durant tout le froid et morne hiver, Gerda fut trop triste pour entreprendre quoi que ce fût. Mais, à l'arrivée du printemps, et toujours sans nouvelles de son meilleur ami, elle décida de partir à sa recherche.

« La rivière coule bien loin, songea-t-elle. Il se peut qu'elle ait croisé son chemin. » Enfilant ses plus belles chaussures rouges, elle descendit jusqu'à la rivière.

En cadeau, elle lança ses chaussures dans l'eau, mais elles revinrent vers elle en flottant. Elle monta alors dans une barque pour les lancer plus loin… et la barque l'emporta.

La barque dériva des heures durant. Gerda avait peur, mais elle ne pouvait retourner en arrière. Elle espérait croiser quelqu'un qui aurait vu Kay, mais il n'y avait personne.

Au crépuscule, elle aperçut enfin une chaumière couverte de roses. La barque flotta jusqu'à la rive, et une vieille femme apparut.

La vieille femme aida Gerda à accoster. La petite fille lui raconta l'histoire de Kay, décrivant les jours heureux, jusqu'à son changement soudain.

D'abord il est devenu odieux. Puis il a disparu.

La vieille, qui n'était pas vraiment méchante, connaissait un peu de magie – et sa vie n'était que solitude.

« Je vais m'assurer que cette fille restera avec moi », murmura-t-elle, et elle lui jeta un sort.

Elle fit aussi disparaître toutes ses roses, de peur qu'elles ne rappellent à Gerda les roses de sa maison et sa quête pour retrouver Kay.

La magie fit effet. Gerda, insouciante, jouait dans le jardin, et sa vie d'avant ne fut bientôt plus qu'un rêve évanescent.

Parfois, néanmoins, elle avait le sentiment que quelque chose clochait.

Gerda aurait pu rester chez la vieille femme pour toujours mais, un jour, elle remarqua une fleur peinte sur son chapeau. C'était une rose !

À cet instant, ses souvenirs lui revinrent. « Kay ! s'écria-t-elle. Comment ai-je pu t'oublier ? Oh ! j'ai perdu tellement de temps ! » Sans même dire au revoir à la vieille femme, elle s'enfuit.

Pendant ce temps, la Reine des neiges avait emmené Kay dans son magnifique palais de cristal loin dans le Nord.

Kay n'était ni heureux ni malheureux ; en lui, sentiments et émotions étaient gelés. Assis aux pieds de la reine, au bord d'un grand lac gelé, il avait si froid qu'il en était devenu bleu, mais il ne s'en rendait pas compte.

Sur son trône, la reine soupirait, en proie à l'ennui. Baissant les yeux sur Kay, elle décida de jouer avec lui. « Résous mon énigme et je te libérerai », déclara-t-elle.

Kay leva son regard vide vers elle.

La reine désigna d'une main pâle quelques blocs de glace. « Si tu les mets dans le bon ordre, ils écriront un mot », fit-elle, avec un sourire cruel.

Lentement, le cerveau gelé de Kay comprit qu'elle lui demandait d'épeler quelque chose. Il voulait lui faire plaisir, mais n'y arrivait pas.

La Reine des neiges éclata de rire. « Tu n'y arriveras jamais ! » s'esclaffa-t-elle, et son rire froid se répercuta contre les murs du palais. « Mais c'est amusant de te regarder essayer. »

Depuis qu'elle avait quitté la chaumière, Gerda n'avait pas arrêté de courir. Elle avançait sans savoir où elle se trouvait. Finalement, alors qu'elle traversait une forêt sinistre en trébuchant, elle dut se reposer. Avec lassitude, elle s'effondra sur une vieille souche et soupira.

Un corbeau curieux sautilla vers elle. « Crôa ! croassa-t-il, inclinant la tête. Que fais-tu là, seule au monde ? »

Le corbeau écouta l'histoire de Gerda. « Crôa, crôa, répondit-il. Je pense que je sais où il est. »

Gerda n'en croyait pas ses oreilles. « Dis-moi ! » supplia-t-elle, tout excitée.

« Eh bien, croassa le corbeau, il y avait une princesse dans un royaume et elle cherchait un prince. En moins de temps qu'il n'en faut pour le dire, les hommes se bousculaient pour la rencontrer. Mais aucun n'était assez bien.

Puis un jeune garçon se présenta, arrivant de nulle part. Ses vêtements étaient déchirés et ses bottes grinçaient. Crôôaa ! Il entra quand même dans le palais et – qui l'eût cru – il plut tant à la princesse qu'elle l'épousa !

– Il doit s'agir de Kay ! s'écria Gerda. Il est beau et intelligent… et ses bottes grincent. Oh ! s'il te plaît, mène-moi jusqu'à lui !

– Ce n'est pas facile, répondit le corbeau.

– Je t'en prie, aide-moi, implora Gerda.

– Mon épouse travaille au palais, dit l'oiseau. Je vais lui parler. »

Le corbeau s'envola et Gerda attendit, nerveuse. Il ne revint que tard dans la nuit.

« Mon épouse te conduira », croassa-t-il.

Tremblante d'espoir, Gerda suivit le corbeau jusqu'au palais. À l'intérieur, ses grandes salles étaient plongées dans une obscurité mauve.

Tandis que Gerda traversait la salle de bal derrière l'épouse du corbeau, des personnages fantomatiques glissèrent près d'elle.

« Qui sont-ils ? murmura-t-elle.

– Des rêves », répondit l'épouse du corbeau.

Ils emmènent les pensées royales faire une promenade de minuit.

Dans la plus belle salle du palais, deux fleurs géantes étaient suspendues à un palmier. Les pétales de la première étaient d'un blanc pur. Pelotonnée dans son cœur, une princesse dormait profondément. La fleur d'à côté était rouge. Gerda s'approcha et regarda dedans…

… et le prince s'éveilla. « Qui est-ce ? » marmonna-t-il.

Gerda le dévisagea et éclata en sanglots. Ce n'était pas Kay du tout.

Ses pleurs bruyants finirent par réveiller la princesse. « Qui es-tu ? » s'écria-t-elle.

Puis, comme Gerda ne semblait pas dangereuse, elle lui tendit un mouchoir et la laissa s'asseoir pour s'expliquer.

Cette nuit-là, Gerda resta dormir au palais. Au matin, la princesse lui offrit sa deuxième plus belle robe et la supplia de rester.

Mais Gerda n'avait qu'une chose en tête : chercher Kay. « Je ferai le tour du monde si c'est nécessaire », affirma-t-elle.

La princesse sourit et fit venir son carrosse. Gerda écarquilla les yeux : il était en sucre doré brillant et, à l'intérieur, les parois étaient tapissées de brioches onctueuses et de gâteaux à la crème.

Elle le fixa un instant, incrédule. « Est-ce vraiment pour moi ? » demanda-t-elle en le pointant du doigt.

« Eh bien, ça me paraît difficile de parcourir le monde entier à pied », observa la princesse en l'aidant à grimper.

Le carrosse s'ébranla et Gerda agita la main par la fenêtre.

« Bonne chance ! » lui cria la princesse.

Le carrosse franchit des collines, traversa villes, villages et rivières sinueuses, sans jamais s'arrêter, jusqu'à ce qu'il arrivât à une sombre forêt. Il brillait tant qu'il éblouit une bande de brigands qui se cachaient parmi les arbres.

« De l'or ! » glapirent-ils avec cupidité, et ils se précipitèrent à l'attaque.

« Miam ! » s'écria une vieille voleuse en attrapant Gerda. « Elle a l'air meilleure que le carrosse. Mangeons-la plutôt ! » Mais, au moment où elle brandissait son couteau, quelque chose bondit et la mordit à l'oreille.

C'était la fille du chef des brigands – et elle obtenait toujours ce qu'elle voulait.

« Je veux qu'elle soit mon amie », dit la petite voleuse en désignant Gerda, « et je veux jouer avec son carrosse.

– Bah ! » fit la vieille avec mauvaise humeur.

La petite voleuse poussa Gerda à l'intérieur du carrosse et s'assit à côté d'elle.

Tandis qu'ils s'enfonçaient dans la forêt, Gerda raconta une nouvelle fois son histoire. À la tombée du jour, ils arrivèrent enfin au château sinistre et isolé des brigands.

La petite voleuse bâilla.

« Tu peux dormir avec moi et mes animaux », dit-elle à Gerda.

Gerda fronça les sourcils ; la petite voleuse avait de bien étranges animaux de compagnie. Une centaine de pigeons étaient perchés sur les poutres et, dans une cage en argent, deux palombes étaient enfermées.

« Ils m'appartiennent tous ! se vanta la petite voleuse, mais Ba est mon préféré. » Elle montra un renne qui était attaché au mur.

« Au lit ! » annonça-t-elle soudainement en s'affalant au sol. Gerda resta éveillée, regardant les voleurs affûter leurs couteaux autour du feu. Sa situation était pire que jamais. Elle était piégée là, prisonnière une fois encore.

« Je ne retrouverai jamais Kay », soupira-t-elle. C'est alors que les pigeons se mirent à parler.

« La Reine des neiges détiendrait Kay ? » se demanda Gerda. Elle interrogea les pigeons :

« Savez-vous où vit la Reine des neiges ?

– Quelque part dans le Nord, roucoulèrent-ils. Demande à Ba ; il sait peut-être où. »

Le renne leva les yeux. « Oui, dit-il d'une voix lente et grave. Je sais où elle habite ; c'est aussi de là que je viens. »

La petite voleuse, qui ne dormait pas, entendit tout.

« Tu ne veux pas retrouver cette horrible Reine des neiges, protesta-t-elle sur-le-champ. Tu serais plus en sécurité ici avec nous. » Mais Gerda voulait désespérément revoir Kay.

« Alors je te laisserai partir », consentit la petite voleuse, avec la fierté d'une véritable reine. « Ba te conduira. »

Elle donna à Gerda du pain et du jambon pour la route et, d'une bourrade, elle l'aida à grimper sur le dos soyeux et lisse du renne.

Ba bondit gaîment, puis s'élança à vive allure vers le Nord, vers son pays. La petite voleuse resta debout sous la clarté de la lune, les regardant s'éloigner et agitant les bras jusqu'à ce qu'ils fussent hors de vue.

Ce fut un long voyage jusqu'en Laponie, leur premier arrêt sur la route du palais de la Reine des neiges. À leur arrivée, Ba et Gerda furent accueillis par une Lapone.

« Tu es gelée ! » dit-elle à Gerda. Elle la fit entrer dans sa cabane. « Et il te reste beaucoup de chemin à faire », ajouta-t-elle quand elle eut entendu son histoire.

« Pourtant, tu as de la chance. La Reine des neiges est absente en ce moment. Elle est occupée à créer les aurores boréales. D'ici, il te faut aller en Finlande. J'y connais une Finnoise qui pourra t'aider. »

Gerda la regarda, étonnée, écrire un message adressé à son amie sur un poisson séché.

Ba reprit sa course à travers les plaines enneigées jusqu'à ce qu'ils atteignissent la minuscule cabane de la Finnoise.

Elle commença par lire le poisson, puis elle écouta Gerda, hors d'haleine, lui raconter son histoire. Hochant la tête, elle alla chercher un parchemin sur une étagère et l'étudia.

Finalement, elle prit Ba à part. « Kay est bien avec la Reine des neiges, murmura-t-elle. Il est envoûté à cause des éclats de miroir qu'il a dans l'œil et le cœur. Pour le sauver, Gerda doit extraire ces éclats.

– Mais comment ? grogna Ba. Pouvez-vous l'aider avec de la magie ?

– Gerda est arrivée jusqu'ici, répondit la Finnoise. Elle est bonne, gentille et innocente. C'est toute la magie dont elle a besoin. »

Et elle ajouta à voix basse : « Conduis Gerda jusqu'au jardin de la Reine des neiges, mais ne lui dis pas ce que je viens de te révéler. » Elle installa la fillette sur le dos du renne.

Ba galopa jusqu'à ce qu'ils arrivent à un buisson couvert de baies rouges et luisantes. Là, il s'arrêta pour laisser Gerda descendre.

Gerda resta seule dans le froid glacial. Des flocons de neige scintillants tournoyaient autour d'elle et rendaient sa progression difficile. Ils étaient les gardiens du château de la Reine des neiges.

Alors qu'elle hésitait, les gardiens prirent une apparence terrible. D'énormes sangliers hérissés de pointes acérées, des serpents aux crochets menaçants et des ours féroces surgirent devant elle. Gerda hurla de terreur mais ne fuit pas.

Leur faisant face avec courage, elle leur demanda de s'en aller. Son souffle forma des nuages vaporeux autour d'elle. À sa plus grande stupéfaction, ils se transformèrent en anges, qui s'attaquèrent aux gardiens.

La vue des anges lui donna de la force. Elle envoya un coup de poing à l'ours le plus proche et celui-ci fondit à son contact. Puis les anges réchauffèrent les mains et les pieds glacés de Gerda, et elle courut vers le château.

Dans une grande salle vide et froide, Kay cherchait à comprendre l'énigme de la Reine des neiges. Assis, immobile au point de paraître complètement gelé, il se torturait l'esprit. Ce fut ainsi que Gerda le trouva lorsqu'elle arriva quelque temps après.

« Kay ! » l'appela-t-elle en se précipitant vers lui. Elle le prit dans ses bras, mais le garçon ne bougea pas.

Gerda ne savait pas que faire ; elle avait l'impression d'étreindre un bloc de glace. Il ne la regarda même pas.

Des larmes chaudes coulèrent sur son visage et tombèrent sur la poitrine de Kay. Elles pénétrèrent jusqu'à son cœur, faisant fondre la glace et emportant l'éclat de verre.

Kay sembla s'adoucir, alors Gerda se mit à parler des roses de chez eux. Les mots de son amie et son cœur qui fondait firent venir des larmes dans les yeux de Kay… des larmes qui emportèrent l'éclat qui s'y trouvait.

Enfin, il pouvait voir clairement. « Gerda ! s'écria-t-il. Est-ce bien toi ? » L'ancien Kay était de nouveau là.

Gerda et Kay se mirent à rire, à pleurer et à sauter de joie. Les blocs de glace autour d'eux s'animèrent et dansèrent d'allégresse. Lorsqu'ils retombèrent, ils épelèrent le mot Éternité. Kay était libre.

Gerda embrassa tant et si bien les joues de Kay qu'elles rougirent.

« Gerda ! Beurk ! » protesta Kay, mais Gerda continua de l'embrasser jusqu'à ce qu'il eût complètement dégelé.

« Partons ! supplia Kay. La Reine des neiges peut revenir d'une minute à l'autre…

– Elle est déjà revenue ! » cria une voix glaciale.

Gerda et Kay échangèrent un regard horrifié.

« Vous avez promis que si j'épelais le mot je serais libre, s'écria Kay avec bravoure, et le voici ! Donc je m'en vais ! »

La Reine des neiges était furieuse, mais elle ne pouvait rien faire. Elle avait donné sa parole et elle devait la tenir.

Avec un grand rire de soulagement, Gerda et Kay se précipitèrent hors du château. Ils trouvèrent Ba qui les attendait. Au grand bonheur de Gerda, le renne les transporta jusqu'à chez eux.

Quand ils arrivèrent enfin à la maison de Gerda, sa grand-mère avait abandonné tout espoir de les revoir.

Gerda et Kay serrèrent longtemps la grand-mère dans leurs bras.

« C'est une fin de conte de fées ! » s'écria la grand-mère, et les roses dans la jardinière à la fenêtre s'inclinèrent en guise d'approbation.

À l'est du soleil et à l'ouest de la lune

Très loin vers le nord, là où la terre est couverte d'épaisses et sombres forêts et où souffle un vent glacial, vivait une famille très pauvre.

Par une fin d'après-midi neigeuse, ils étaient blottis devant le foyer, se réchauffant à la chaleur du feu.

Les garçons étaient beaux, les filles très jolies, mais la plus jeune, Asta, était la plus belle de tous.

Alors que le crépuscule enveloppait la chaumière, un coup résonna à la porte. « Qui est là ? » demanda le père. Mais il n'y eut pas de réponse. Il se leva donc pour ouvrir la porte.

Un courant d'air glacé s'engouffra dans la pièce… et devant lui se dressait un énorme ours blanc.

« J'ai observé ta famille durant tout l'été, dit l'ours d'une voix grondante. Je suis prêt à te faire une offre. »

« Si tu me donnes ta plus jeune fille, poursuivit-il, je te rendrai aussi riche que tu es pauvre.

– Je ne vous donnerai pas ma fille, répondit le père, bloquant le passage, quelle que soit notre pauvreté. »

Mais Asta plongea son regard dans les yeux sombres et tristes du grand ours blanc et prit sa décision.

« Nous avons à peine de quoi manger, dit-elle, et nos vêtements sont en loques. Comment survivrons-nous à l'hiver ? Je pars avec l'ours. »

Ce disant, elle se leva, rassembla quelques affaires et marcha avec détermination jusqu'à la porte.

« Ne t'en va pas ! » supplia la mère.

Et elle murmura à l'oreille de sa fille :
« L'ours doit être ensorcelé.

– Ne t'inquiète pas, maman, dit Asta.
Je n'ai pas peur. »

Asta grimpa sur le dos de l'ours.

« Agrippe-toi bien à ma fourrure », lui recommanda-t-il. Puis, avant que quiconque eût pu le retenir, il bondit dans la nuit.

La lune était encore haute dans le ciel lorsque Asta et l'ours arrivèrent au pied d'une montagne noire et escarpée.

L'ours leva son énorme patte et frappa la paroi rocheuse. Une porte s'ouvrit en grinçant.

À l'intérieur se trouvait un château étincelant taillé dans la pierre.

L'ours blanc tendit une clochette en or à Asta. « Sonne si tu as besoin de quelque chose », dit-il.

À peine Asta eut-elle pris la clochette qu'elle se retrouva seule dans une immense chambre. Elle s'allongea sur le lit, mais ne put s'endormir.

Des nuages passèrent devant la lune, plongeant le château dans l'obscurité. Des pas résonnèrent dans le couloir. Asta glissa un œil hors de la chambre et aperçut un homme dans l'ombre.

Il traînait derrière lui une peau d'ours blanc, qui brillait dans la clarté lunaire.

Les nuits suivantes, Asta observa l'homme qui errait à travers les couloirs. « Est-ce là l'ours changé en homme ? » se demandait-elle.

Il lui tardait de voir son visage.

Les jours passèrent. Asta avait tout ce dont elle pouvait rêver. Et, chaque soir, l'ours venait s'asseoir à ses côtés. Elle caressait sa fourrure douce et chantait pour lui.

L'ours posait sa tête sur ses genoux, une lueur d'espoir dans ses yeux sombres.

Cependant, Asta se sentait bien seule dans le château, car l'ours parlait peu. Toute la journée, elle songeait à l'homme qui, le soir, marchait dans l'ombre.

L'ours blanc remarqua que le rose de ses joues pâlissait. « Que se passe-t-il ? lui demanda-t-il un jour. Que désires-tu ?

– J'aimerais rentrer chez moi, répondit Asta, rien qu'une journée.

– Cela peut se faire, dit l'ours. Mais tu dois me promettre de ne pas parler seule à ta mère. »

Le lendemain, Asta grimpa sur le dos de l'ours et ils se mirent en route. Ils arrivèrent enfin en vue d'une grande ferme. « C'est ici que ta famille vit désormais, dit l'ours.

Je vais te laisser une nuit et un jour. Mais n'oublie pas ce que je t'ai dit, ou tu nous ferais du mal à tous les deux. »

Asta était enchantée de revoir sa famille. Cependant, avant son départ, sa mère réussit à se retrouver seule avec elle.

Asta finit par lui révéler qu'un homme arpentait les couloirs du château la nuit, mais qu'elle n'avait jamais pu voir son visage.

« Tu vis peut-être avec un troll ! s'inquiéta sa mère. Prends cette bougie. Cache-la dans tes vêtements et allume-la quand il s'endormira. »

Cette nuit-là, Asta alluma sa bougie et suivit l'homme jusqu'à sa chambre. Elle l'éleva au-dessus de la silhouette endormie et vit le plus beau prince de ses rêves.

Elle se pencha et l'embrassa sur la joue. Ce faisant, trois gouttes de cire fondue tombèrent sur la chemise du dormeur.

Le prince se réveilla en sursaut. « Qu'avez-vous fait ? s'écria-t-il. J'ai été ensorcelé par la reine des trolls. Le jour, je suis un ours, la nuit, un homme.

Afin d'être délivré, je devais trouver une jeune fille qui m'aimerait toute une année, sans voir mon visage humain. »

« Maintenant, je dois me rendre au château qui se trouve à l'est du soleil et à l'ouest de la lune, ajouta-t-il. Là, je devrai épouser la reine des trolls.

– Puis-je vous accompagner ? supplia Asta.

– Non, répondit le prince.

Je suis prisonnier du puissant maléfice de la reine des trolls. Je dois la rejoindre.

– Je vous suivrai jusque là-bas, jura Asta.

– Essayez… dit le prince tristement, mais vous ne me retrouverez jamais. »

Le lendemain, lorsque Asta s'éveilla, le prince et le château avaient disparu.

Elle était allongée dans une clairière, vêtue des vieux vêtements dans lesquels elle était arrivée. « Je vais aller vers le nord, décida-t-elle, c'est là que vivent les trolls. »

Asta marcha des jours et des nuits, jusqu'à ce que ses pieds soient endoloris et ses jambes lourdes de fatigue.

Elle se remémorait son dernier voyage sur le dos de l'ours blanc, sa fourrure épaisse et douce, et la vitesse à laquelle il bondissait.

Elle se mit à pleurer. « Je ne le reverrai jamais. »

Soudain une voix l'interpella : « Tu ne devrais pas renoncer si facilement. » Une vieille femme s'approchait.

« Pouvez-vous m'aider ? s'enquit Asta, pleine d'espoir. Je cherche mon prince. Il se trouve dans un château à l'est du soleil et à l'ouest de la lune.

– Ha ! s'exclama la vieille femme. C'est donc toi la fille… J'ai entendu des histoires sur toi et sur ta quête. »

« Je vais te donner mon cheval et trois cadeaux en or », poursuivit-elle.

Elle tendit à Asta un peigne, une pomme et une poire. « Pour trouver le château, galope jusqu'à ce que tu rencontres le Vent d'Est. C'est tout ce que je sais. »

Asta sauta sur le dos du cheval et la vieille femme murmura à son oreille. Il se mit aussitôt en route.

« Merci ! » lui cria Asta, et sa voix fut emportée par le vent.

Les sabots du cheval martelaient le sol. Il galopait de plus en plus vite et Asta se cramponnait à sa crinière.

Le cheval s'arrêta enfin en haut d'une falaise qui surplombait une mer houleuse. Autour d'eux, le Vent d'Est soufflait en douces rafales.

« Je cherche le château qui se trouve à l'est du soleil et à l'ouest de la lune, lui dit Asta.

– Je n'ai jamais soufflé aussi loin, répondit le Vent d'Est. Mais je vous conduirai jusqu'à mon frère, le Vent d'Ouest. Il est plus puissant que moi et connaît peut-être le chemin. »

Asta grimpa sur le dos du Vent d'Est, qui se mit à rugir au-dessus des vagues, l'emportant jusqu'au pays du Vent d'Ouest.

« Frère, appela le Vent d'Est, connais-tu le chemin du château qui se trouve à l'est du soleil et à l'ouest de la lune ?

– Non, répondit le Vent d'Ouest. Je n'ai jamais soufflé aussi loin. Mais je conduirai la jeune fille au Vent du Sud, car il est plus puissant que nous, et il a parcouru bien du pays. »

Aussi se rendirent-ils au pays où souffle le Vent du Sud.

« Seul le Vent du Nord connaît le chemin du château, dit le Vent du Sud, car il est le plus âgé et le plus violent d'entre nous. Je vous y transporterai. »

Alors qu'ils s'approchaient du pays du Vent du Nord, Asta sentit sa présence sous forme de furieuses rafales glacées.

« Qu'est-ce que vous voulez ? rugit-il.

– Je porte celle qui cherche le prince, au château à l'est du soleil et à l'ouest de la lune, répondit le Vent du Sud.

– Je le connais, dit le Vent du Nord. J'y ai soufflé une fois, mais cela m'a tant fatigué que j'en ai perdu mon souffle pendant des jours. »

« Si vous n'avez pas peur de venir avec moi, poursuivit-il, je vous y emmènerai. »

Asta pensa à son prince, avec ses yeux sombres et tristes. « Je n'ai pas peur », assura-t-elle.

Alors le Vent du Nord se gonfla tant et si bien qu'il devint énorme et effrayant. Asta se hissa sur son dos et, ensemble, ils filèrent à travers le ciel.

À leur passage, les tempêtes se déchaînaient sur les océans et les bateaux étaient ballottés comme des jouets par les vagues rugissantes.

Ils allèrent si loin que même le Vent du Nord finit par s'essouffler. Il se laissa tomber, et les vagues éclaboussèrent les pieds d'Asta.

« Presque… arrivé… » souffla-t-il dans une dernière rafale, qui la déposa sur un rivage glacé.

Au-dessus d'elle, à l'est du soleil et à l'ouest de la lune, se dressait le château de la reine des trolls. Épuisée, Asta se glissa dans une grotte et s'endormit.

Quand elle s'éveilla, Asta se rendit compte qu'elle était couverte de givre.

Les membres engourdis, elle gravit la pente rocheuse jusqu'au château. Cachée derrière un rocher, elle observa le va-et-vient des trolls.

Ils transportaient seaux et balais, des mètres de soie blanche et des rouleaux de tapis rouge.

« Ils préparent le mariage ! » comprit Asta, inquiète. Elle se glissa à l'intérieur du château, à la recherche de son prince.

Elle finit par arriver dans une immense salle éclairée par des bougies. Là, sur un trône en pierre, était assise la reine des trolls en personne.

Elle avait des cheveux raides comme des queues de rat, qu'elle peignait avec ses longs ongles, et un nez qui pendait sur ses genoux.

« Qu'est-ce que tu veux ? lança-t-elle d'une voix grinçante.

– Je viens voir le prince », répondit Asta.

La reine des trolls lui fit signe d'approcher : « Tu dois d'abord me donner quelque chose en échange », dit-elle.

Asta regarda ses habits en lambeaux, puis se souvint des cadeaux de la vieille femme.

« Je peux vous donner ce peigne en or », proposa-t-elle.

La reine s'empara du peigne de sa main aux doigts crochus. « Tu pourras voir le prince ce soir, cracha-t-elle. Il est dans la chambre qui se trouve tout en haut de la plus haute tour. »

Ce soir-là, Asta se précipita au chevet de son prince, qu'elle trouva profondément endormi. Elle le secoua, l'appela, mais rien ne semblait pouvoir le réveiller.

Au matin, la reine des trolls revint et cria à Asta : « Maintenant, sors de mon château ! »

Asta passa la journée dans sa grotte. Le soir venu, elle se rendit sous la fenêtre de la reine des trolls, jouant avec la pomme en or.

« Donne-la-moi ! ordonna la reine depuis sa fenêtre.

– Et que me donnerez-vous en échange ? s'enquit Asta.

– Tu auras le droit de visiter le prince ce soir », répondit la reine.

Mais, cette fois encore, rien ne put le réveiller. Et, dès le matin, la pauvre Asta fut traînée hors du château par les gardes.

Son dernier cadeau à la main, Asta se tint de nouveau sous la fenêtre de la reine des trolls. La poire en or luisait dans la lumière pâle du soleil nordique.

« Tu pourras voir le prince ce soir, glapit la reine des trolls, en échange de cette poire brillante. »

Et elle ajouta : « Ce sera la dernière fois, car demain nous nous marions, et il sera à moi. »

Cette nuit-là, comme les précédentes, le prince dormit, ensorcelé. Et, soudain, Asta comprit comment elle pourrait rompre le sortilège.

Dissimulée dans les plis de sa robe se trouvait la bougie que sa mère lui avait donnée autrefois. Elle l'alluma et regarda trois gouttes de cire fondue couler sur le prince endormi…

Il s'éveilla en sursaut.

« Vous êtes arrivée juste à temps, s'écria le prince. Demain soir, je devais épouser la reine des trolls, mais vous m'avez retrouvé avant que l'année ne finisse. »

C'est alors que des pas lourds se firent entendre dans la tourelle en pierre.

« Nous devons fuir, dit Asta. La reine des trolls arrive. »

À cet instant, les premières lueurs de l'aube percèrent le ciel nocturne.

« Je suis un ours pour un jour encore », gronda le prince.

En se retournant, Asta constata qu'il était redevenu un ours. « Grimpez sur mon dos », dit-il.

Quand la reine ouvrit la porte de la chambre, l'ours chargea et se précipita dans l'escalier de la tourelle.

« Reviens ! hurla-t-elle.

– Jamais ! rugit l'ours

– Arrêtez-les ! » ordonna la reine à ses gardes.

Mais les trolls ne faisaient pas le poids face à l'ours géant. D'un coup de patte, il les éparpilla comme des feuilles mortes, puis franchit d'un bond les portes du château.

Emportant Asta sur son dos, l'ours galopa jusqu'au rivage gelé. Là, un bateau dansait sur l'eau. D'un bond, l'ours sauta dedans.

« J'ai pensé que vous auriez besoin d'aide pour vous échapper, dit le Vent du Nord. J'ai eu le temps de me reposer. Je peux vous ramener chez vous. »

Des mois durant, ils voyagèrent vers le sud, le Vent du Nord soufflant dans les voiles du bateau aussi doucement que possible.

« J'ai perdu toutes mes richesses, avoua le prince à Asta. Mon trésor est enfermé dans le château de la reine des trolls.

– Elle peut bien le garder ! répondit Asta en riant. Je connais une belle ferme où nous pourrons vivre. »

Quand ils mirent enfin pied à terre, Asta demanda au Vent du Nord : « Pourquoi nous avez-vous aidés, vous et vos frères ?

– Votre histoire nous fut annoncée, expliqua le Vent du Nord, car vous êtes la jeune fille qui est allée jusqu'au bout du monde par amour. »

À propos des auteurs

Hans Christian Andersen (1805-1875)

Hans Christian Andersen naquit au Danemark en 1805. Fils d'un pauvre cordonnier, il se passionna très tôt pour les histoires. À l'âge de quatorze ans, il partit pour Copenhague tenter sa chance. Après une courte carrière d'acteur, il se tourna vers l'écriture.

Il produisit ses meilleures œuvres entre vingt et trente ans – nombre d'entre elles sont des contes de fées, comme *La petite sirène* et *Les habits neufs de l'empereur*, aujourd'hui des classiques – et devint une figure littéraire célèbre en Europe.

Depuis lors, le succès de ses histoires ne se dément pas, aussi bien auprès des enfants que des adultes.

Charles Dickens (1812-1870)

Grand romancier de l'époque victorienne, Charles Dickens vécut à Londres. À l'âge de douze ans, il fut envoyé dans une usine pour travailler. Il se souviendra toute sa vie de cette mauvaise expérience et n'oubliera jamais à quel point la vie pouvait être difficile pour les pauvres.

Ses romans dénoncent souvent la dureté des conditions de vie dans l'Angleterre victorienne et l'énorme fossé qui sépare alors les gens aisés de ceux qui n'ont rien.

De 1843 à 1848, il écrivit une série de contes sur le thème de Noël : *Un chant de Noël, Les carillons, Le grillon du foyer, La bataille de la vie* et *L'homme hanté ou Le pacte du fantôme*. Le premier, *Un chant de Noël*, reste le plus célèbre.

Les frères Grimm
Jacob (1785-1863) et Wilhelm (1786-1859)

Jacob et Wilhelm Grimm vécurent en Allemagne. Ils travaillèrent comme bibliothécaires et professeurs, étudiant les contes folkloriques germaniques et la langue allemande. En 1812, ils publièrent les *Contes de l'enfance et du foyer*, un recueil de quatre-vingt-six histoires, dont : *Cendrillon, Hansel et Gretel, Raiponce* et *Le nain Tracassin*.

Clement Clarke Moore (1779-1863)

Clement Clarke Moore était un professeur américain de littératures classiques orientale et grecque. Il vécut à New York, aux États-Unis. Il est l'auteur présumé du poème *La nuit d'avant Noël*, qu'il aurait écrit pour l'offrir en cadeau à ses enfants à Noël.

Charles Perrault (1628-1703)

Charles Perrault vécut en France au XVIIe siècle. Après des études de lettres et de droit, il devint avocat, puis il entra au service du gouvernement. En 1695, il perdit son travail et décida de se consacrer à l'écriture. Son livre *Histoires ou Contes du temps passé, avec des moralités* (aussi intitulé *Contes de ma mère l'Oye*), fut publié en 1697 et contient, entre autres, *Cendrillon, La belle au bois dormant, Le petit chaperon rouge* et *Le Chat botté* (ou *Le Maître chat*), qui lui furent inspirés par d'anciens contes folkloriques.

Russell Punter (né en 1965)

Russell Punter est né dans le Bedfordshire, en Angleterre. Enfant, déjà, il aime inventer et illustrer ses propres histoires. Il décide alors de devenir dessinateur de bandes dessinées. Il étudie l'art au collège, puis devient graphiste et écrivain. Il est aujourd'hui l'auteur de plus de vingt livres pour enfants.

Maquette : Sam Chandler et Caroline Spatz
Illustration de la couverture : Anna Luraschi
Manipulation numérique : John Russell

Pour l'édition française :
Traduction : Claire Lefebvre
Rédaction : Renée Chaspoul et Emanuela Guastella